シンポジウム・あたりまえの社会を考える

貧困・格差の現場から

市民連合／総がかり行動　編

八月書館

貧困・格差の現場から　目次

司会挨拶

市民連合　諏訪原　健

それでは、ただいまより、市民連合主催、総がかり行動実行委員会共催によるシンポジウム「あたりまえの社会を考える――貧困・格差の現場から」を始めさせていただきたいと思います。私は本日司会を務めさせていただきます、市民連合呼びかけ人の諏訪原健です。よろしくお願いいたします。

さて急速なグローバル化をはじめとする社会の進展のなかで、日本社会においては、これまでの終身雇用制が崩壊し、多くの非正規雇用を生み出すこととなっています。その割合は4割近くになっており、非正規雇用者の賃金は正規雇用者の65・6パーセントにとどまっています。また非正規雇用に限らず、依然として男女間の賃金格差は大きいままです。

子どもたちが置かれた状況に目を向けると、子どもの貧困率は13・9パーセントで、ひとり親家庭になると約半数と、OECD加盟国のなかで最も高くなっています。子どもたちのなかには進学を断念しなければならない人もいます。また、私自身も当事者ですが、進学をしたとしても奨学金を借りて、必死にアルバイトをしなければ、大学生活を続けられないという人もいます。さらに言えば、大学を卒業したとしても、そう簡単には明るい人生の展望を望むことはできない、そういう社会状況になってきています。

こういったなかで、これからの社会をどうしていけばいいのか、何が問題で何を変えていけばいいのだろうか、そういったことを本日のシンポジウムのなかでみなさんと一緒に考えていければ、と思っています。

本日のシンポジウムですが、コーディネーターには東京大学教授で教育社会学を専門とされている本田由紀さんをお招きしています。シンポジストには元文部科学省事務次官の前川喜平さん、作家で市民活動等にも関わっておられる雨宮処凛さん、またNPO法人しんぐるまざあず・ふぉーらむ理事長を務められている赤石千衣子さん、そして下野新聞真岡総局長・子どもの希望取材班デスクの山崎一洋さん、以上の方にシンポジストをお願いしております。

今、直近で見ますと、政治的な問題というのがたくさんありまして、民主主義社会の最低限が問われているといった事態ですが、じゃあこの先の社会をどう考えていくのか、そういうところに踏み込んで考えていくことができる時間になればと思っています。よろしくお願いいたします。

ではまずはじめに、主催者挨拶を、市民連合の方から山口二郎先生にお願いしたいと思います。

2018年4月20日

主催者挨拶

市民連合　山口二郎

みなさんこんばんは。ようこそシンポジウムにおいでくださいました。

まず最初にお詫びを一言。1月末に前川基喜平さんや寺脇研さんなどをお招きして、日暮里でシンポジウムをおこないましたが、会場が狭いところしか確保出来ず、たいへんたくさんの方入場をお断りすることになってしまいまして、申し訳ありませんでした。その代わりということも兼ねて、今日改めて前川さんにご参加いただきまして、格差貧困を中心とした現代社会の問題について考えるシンポジウムを準備いたしました。

もうみなさん、毎日テレビや新聞でご覧の通り、政治家や高級官僚の腐敗や不品行な事例が次から次へと出てきておりまして、政治や行政の底が抜けているというか、ほんとうに民主主義の大きな危機だという状況であります。さすがに内閣支持率も低下しておりまして、安倍政権がいつまでもつのかとというようなことに政治の世界の関心が移ってきている様子もうかがえます。

このなかには、先週、国会前においでになって一緒に声を挙げた方もいらっしゃると思いますが、こういう腐った政治おかしいぞ、あるいは民主主義を壊している政治家に対して退場せよと声を挙げていくことは大変重要でありますし、市民連合としてもさまざまな行動を企画してまいりたいと思っております。

しかし今、司会の諏訪原さんがおっしゃったように、これからの社会をどのように再構築していくのかという、広い意味で政策の議論が必要です。政治の世界では希望の党と民進党がくっついてといった野党の集合離散の話もありますが、やはり私たちは今の安倍政治がズタズタにした日本の社会をいかに再建するか、これは安部政治だけの問題ではなくて、この25年くらいの世界的な潮流のなかで、政治の底も抜けているけれども社会の底も抜けているといった状況で、いかに尊厳ある人生を回復するためにどういう世の中の仕組みを作っていくのか、そういう構想をこちら側からしっかり示していく必要がある。また、政党にこういう政策を実現するために協力しようではありませんかと政策に絡む形でのイニシアティブをとっていきたい、そう思っています。

これから一月、二月の間に、政治は大きく動くことになるだろうと思います。そのなかで私たち市民の運動もいろいろなことをしていかなければいけませんが、今日は日本の社会のすさんだ現状を直視して、そこからどのようにして希望を取り戻すか、その突破口にしたい。そして市民連合としてもこれから政策課題について考えていく機会をつくってまいりたい、そう思っておりますので、引き続きこれからもご関心というかいろいろな形でのご参加をお願い申し上げて、主催者挨拶といたします。

シンポジウムの目的と流れ

本田由紀

みなさんこんばんは、東京大学の本田由紀と申します。今日、コーディネーターという役割を仰せつかっているんですが、これから登壇されるみなさんは今の社会の現状について非常によくご存じですし、深い見識をおもちですので、コーディネーターが必要なのか分からないという気持ちももちつつ、精一杯役割を果たそうと思っています。

すでに諏訪原さんや山口先生からもお話がありましたが、確かにモリカケ、ひどいですよね。セクハラ、ひどいですよね。私も〝me too〟の意思の表れとして黒いジャケットを着ているわけですが、この数カ月の間だけを考えましても、いろんな問題がどんどん出てきて、今の政治情況が末期症状というか壊れかけているということは明らかです。そのことを追及していくことがもちろん必要で、私も日々ツイッターやお招きいただければいろいろな路上にも出て発言しています。でも、それと並行してもう一つ考えておかなければいけないことがあります。先ほど山口先生がおっしゃられたように、政治の底が抜けている前に前提として社会の底が抜けている。政治が壊れている背後で社会が壊れている。現政権の罪というのはスキャンダルだけではなくて、壊れていく社会に対して全くの無能・無策であり、時には何かやっているかのようにみせて実はそれがフェイクであったり、完全

図1

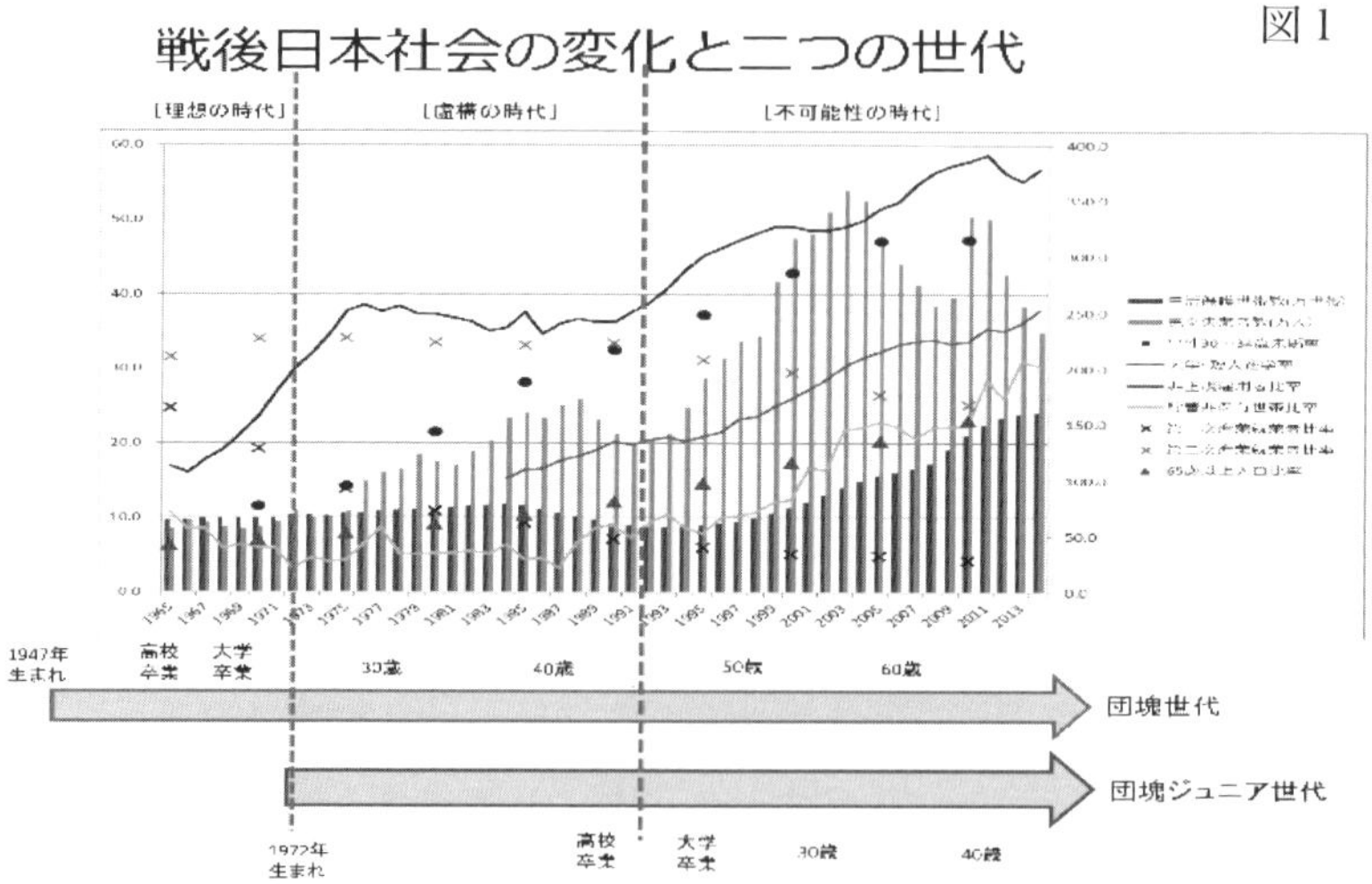

に逆行するようなことを打ち出してくるという点でも、罪が深いと考えています。そして、この点について政権を追及していくときに、私たち自身で社会の壊れや将来に向かっての展望をどのように考えていく必要があるのかについて、一定の見取図をもっておく必要があるのではないかと思います。

　これから私自身の、非常に粗い見取図なんですけれども、お示しします。具体的な諸相、個別個別のこういうことが起きているということについてはシンポジストの方々にみっちりお話し願いますが、その外側のスケルトンというか粗い概括について、ちょっとお見せしたいと思います。

　図1は私がいろんなところで使っている図なんですが、戦後日本社会の変化をザックリ表し

た図です。説明しだすとキリがないので、一番大事なことだけ申しあげます。

日本社会は高度経済成長期とその後の70年代から80年代の安定成長期を経て、その後の90年代以降、経済成長率は平均しても1パーセントに届くか届かないかという低迷を長い間続けています。この右側の縦線は90年代初頭のバブル経済崩壊を表していますが、その後に、何が起こったかをいろんな政府統計などで示しています。お分かりのようにバブル崩壊の前と後では日本社会はガラッと様相を変えています。いろんな指標が悪い方にグーッと伸びている。失業者であったり、非正規雇用であったり、貯金がまったくない世帯であったり、生活保護世帯であったりというように、仕事や賃金や貯金といった、人びとの生活を成り立たせる最も基本的な土台がボロボロ崩れはじめて、とどまるところを知らないような状況が、90年代初頭以降から現在に至るまでずっと続いています。なんだこれは。この社会はバブル崩壊期以前の安定成長期からどのようにして現在の社会に変わってしまったのか、何が起きたのかということを示したのが、次の2枚の図です。

図2は、高度経済成長期に出来上がって安定成長期に日本社会に広がった日本独特の社会の構造、まわり方を示しています。教育と仕事と家族という3つの領域の間に、一方向的な矢印によって次々に資源を注ぎ込みあうような関係ができあがっていて、政府は一応仕事の世界が成り立つように道路やダムを作ったりしておけば、経済が成長していました

戦後日本型循環モデル　図2

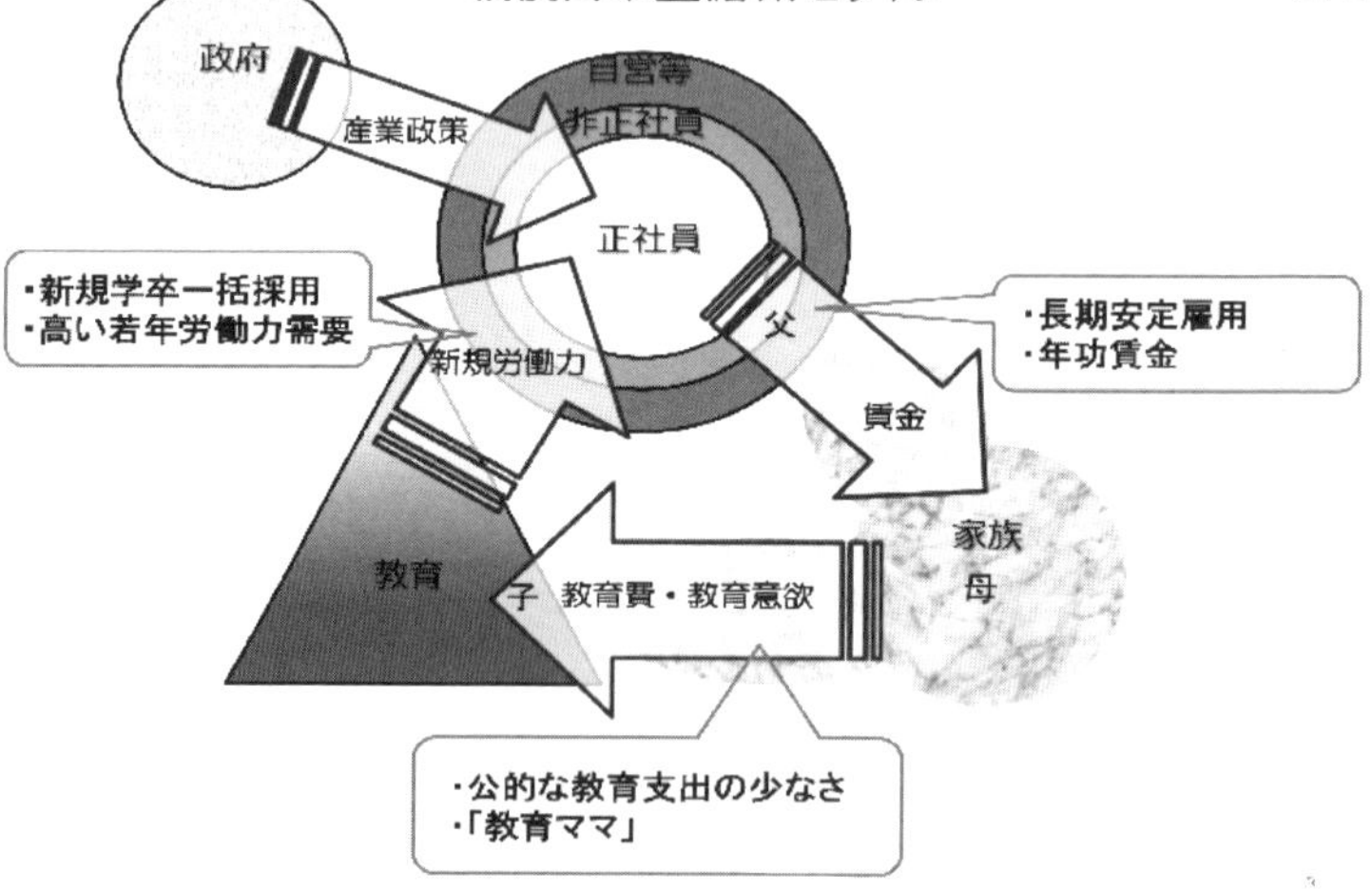

ので、だんだん上がっていく賃金が家族に流れ込む、家族はそれを子どもたちの教育につぎ込む、成長した子どもたちが新しい労働力となって労働市場に流れ込む、といったような循環構造がはっきり成立していました。この循環があったので、政府はいろんなところで手を抜くことが可能でした。たとえば家族に対してもさまざまな財政的な支援をしなくても済んできました。それは稼ぎ手である父親が安定した仕事を手にしてだんだん賃金が上がっていくという状況があったからです。そして政府が教育に対しての投資を非常に節約できていたのは、家族が頑張って子どもの教育に対してお金を払ってきたからです。

　これはたいへん良いモデルのように見えるんですが、実は全然良くなくて、確かに一見効率

図3

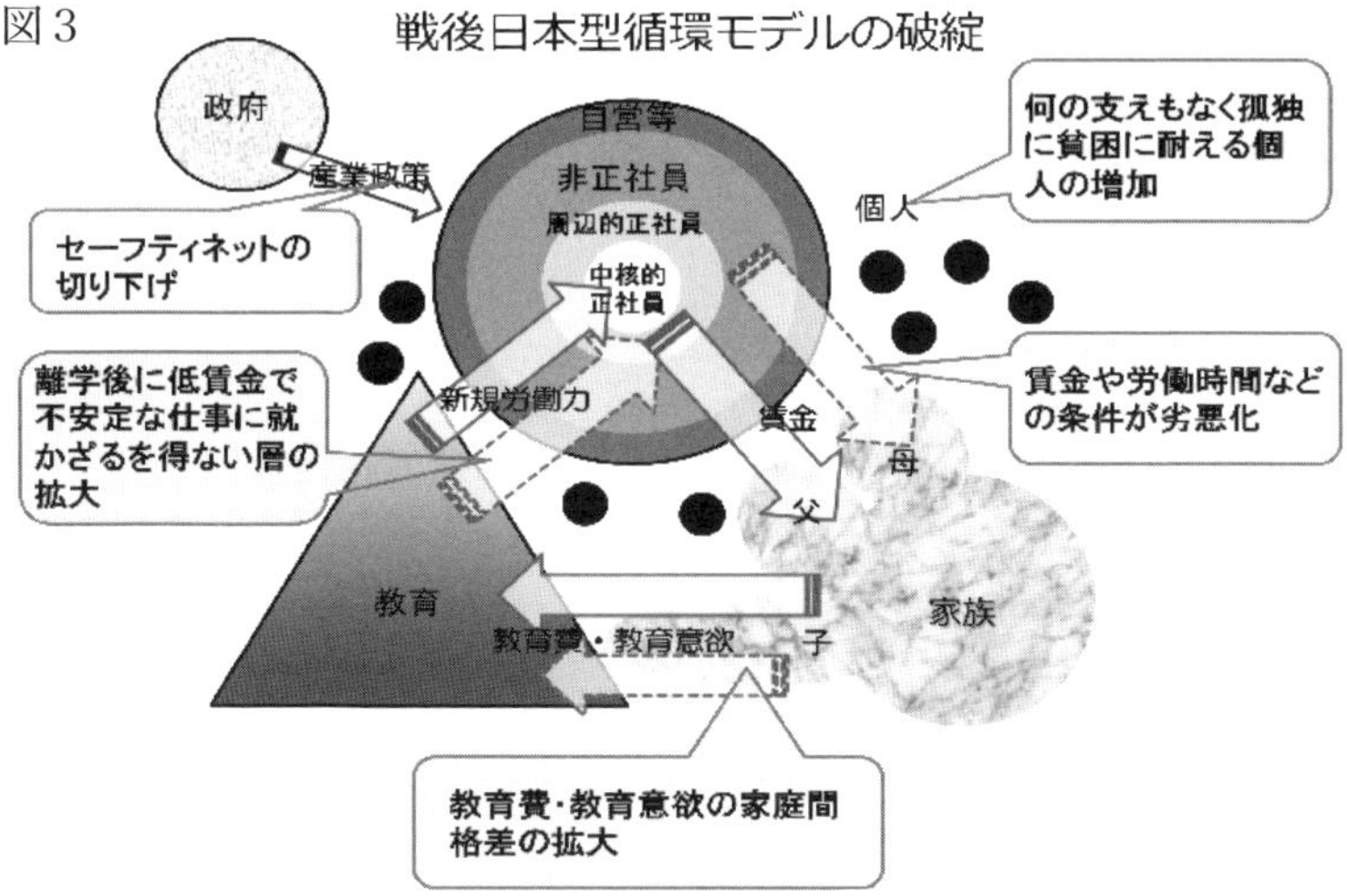

的なんですけれども、教育と仕事と家族を結ぶ一方向の矢印があまりにも存在感を肥大させてしまって、学ぶ意味や働く意味や家族と一緒に過ごすことの意味がどんどん希薄化していく、形骸化していく。なんでこの循環にグルグル乗って競争をしているのだろうと疑問に思いながら、それ以外に道がないような、生き方がないようなイメージのなかで、おかしいなと思いながら、でも頑張っていればもしかしたら良い明日があるかも知れないと人びとが生きて来た。それがバブル崩壊に至るまでの６０、７０、８０年代の日本です。

この一見効率的ですが問題含みだった社会の循環が、９０年代以降に壊れます。壊れた形が次の図３です。

何が変わったかと言うと、先ほどはこの太い矢印が家族と教育と仕事の間を結んでいて、資源循環をさせていたのですが、その太い矢印だけではない、ボロボロの矢印が現れます。つまり、うまく資源を注げ込めない部分が出てきた。

最初に変化したのは労働市場です。バブル崩壊後の景気の低迷や人口構造上の問題から、日本の企業はこれまでのように安定的に正社員を雇用する余力を失いました。それによって非正規社員に頼るようになった。このような労働市場の変化によって、もともとはガッチリ結ばれていた3つの教育と仕事と家族の間に、悪い影響関係が一気に広がりました。つまり教育を終えても安定した仕事に就けない若者や、家族をつくるのに充分な収入を得られないような若者が増え、何とか家族をつくれても自分の子どもに何をどれほどしてやれるのかに関して家族の間で格差が大きく広がります。

それは当然です。仕事の世界において正社員の割合が減って、賃金の低い非正社員が増えましたので、家族が得られる収入に大きな差がつくようになったからです。こういうなかでこれまでの循環構造は悪循環に姿を変え、どんどん格差や貧困を世代間で生み出し続けるような状態が発生しています。

この黒い●は、循環の矢印の壊れたところから落ちてしまった人たち、一番苦しい人たちです。家族の支えも教育の支えも仕事の支えもなくて、困窮のなかで孤立して生きている人たちがどんどん可視化されるようになってきているのが、９０年代以降の日本社会です。

このように循環が壊れている状態のなかで、政府は何をしてきたかというと、金がない金がない、財政赤字だと言いながら、一方ではオスプレイなんかを買っている。そして苦しい人たちに対するセーフティーネットはどんどん切り下げている。循環構造が壊れていることに目をつぶってきちんとした対処をしてこなかった。それが無能である、無策であるということです。苦しい人たちが露わになっているにもかかわらず、政府はまだかつての循環構造が回っているかのように思っていて、こういう壊れに対して実効性のある対処をしてこなかった。

私自身は、かつてのモデルには戻ることは出来ないし、この壊れた形を放っておくことは出来ない、これから向かうのはこっちだろうという方向性は描いています。ご異論はあるかと思いますが、それは一方向的な循環ではなくて、教育と仕事と家族の間に両方向に向かう矢印を作り出し、その間に連携とバランスを新たに作り出していくということです。さらにこの教育と仕事と家族の後ろに、困窮のせいで人が死なないようにするセーフティーネットを整備するのが政府の役割ではないでしょうか。厳しい状況の人がどんどん増えるとセーフティーネットも破れますので、もう一度元気になってもらうためのアクテ

図4

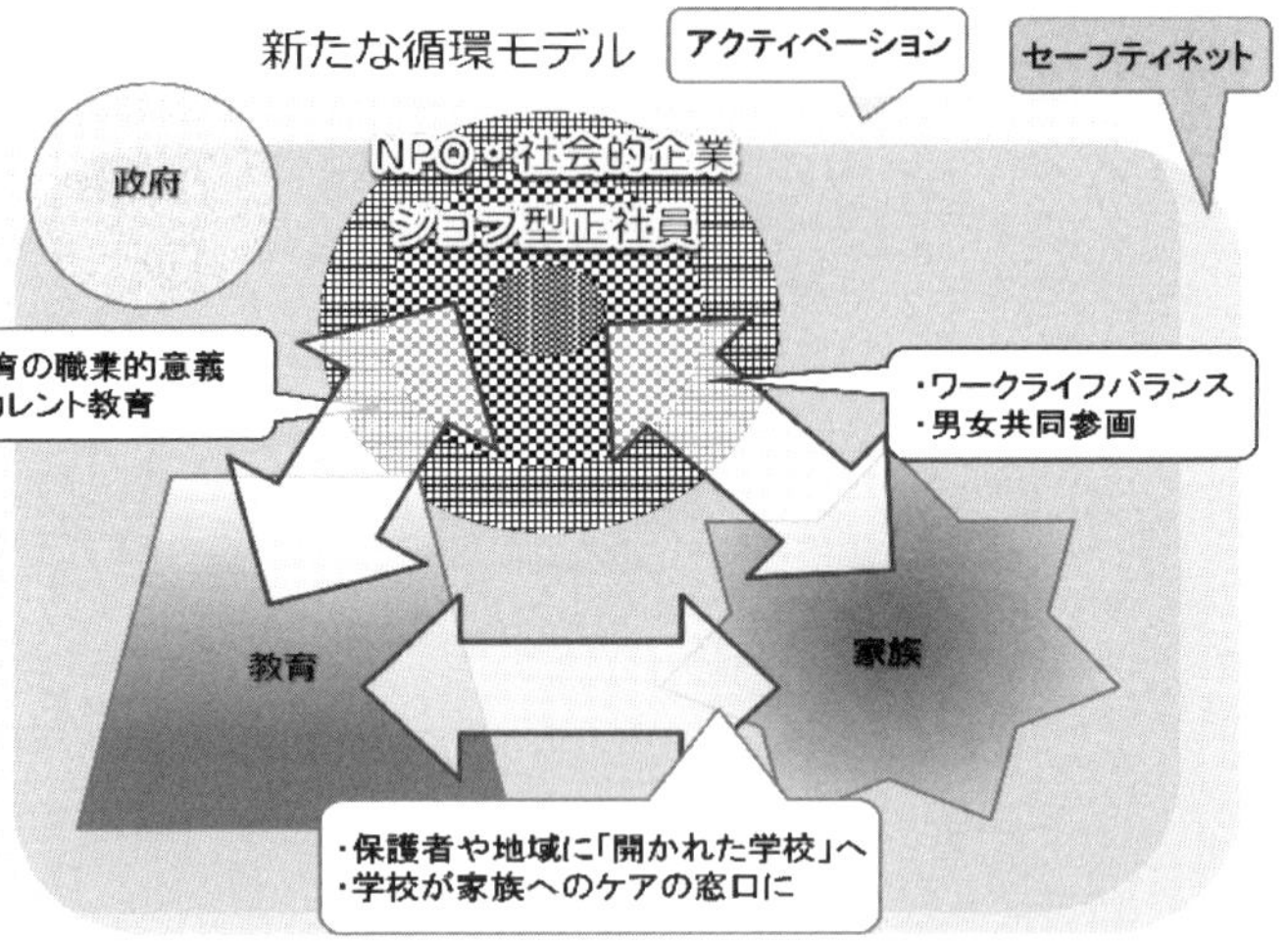

ィベーションのふとんも必要です。アクティベーションというのはアクティブになってもらうこと、つまり社会から支えてもらって再び元気を取り戻したら、今度は社会の支えになってもらう、それがアクティベーションの政策です。この2枚のふとんを重ねてしいておく。図4は私の非常にザックリとした展望をまとめたものです。

政府はこのセーフティーネットとアクティベーションに関してきちんとした財政援助をする必要がある。ただ具体的な支援はNPOなどのいろんな団体が地域地域でして下さるのがいいと思いますけれど、ナショナルミニマム、つまりどこの地域に行っても安心出来るようなセーフティーネットとアクティベーションを整備しておく責任は政府にあるはずだということが私自身の考えです。

これらは私が日本のこれまでとこれからをきわめて粗い作図で描いてみたものに過ぎません。今日これからのシンポジストの方々には、もっと詳しく具体的に何が起こっているのか、何が必要なのかということについてお話しいただきます。

今日話されたことをみなさんが是非お持ちかえりになって、いろんな地域ごと、みなさんの立場ごとに、何が出来るんだろう。どんな社会設計をやっていくべきなんだろうか、今政府がやっていることはこれからの方向について逆行なのか、それとも前進なのか、ということを考え続ける、そのための素材にしていただければと思います。

以上が私からの冒頭の発言ということで、続いてシンポジストの方々のお話に入っていきたいと思います。

教育格差と教育の機会均等

前川喜平

今日は限られた問題しか話しませんので、ご承知おきいただきたいと思います（笑）。いま、貧困の問題について本田先生から分かりやすい見取図が示されて、なるほどこういうふうに見ればみえてくるものがあるんだと思いました。

私は子どもの貧困、特に教育について私が経験してきたこと、課題と思っていることをお話しして、今日のシンポジウムに多少なりとも貢献しようと思っております。

先ほどの本田さんのモデルでは、職業と教育と家族という3つの循環の話がありました。高度成長期の循環が崩れて現在は悪循環に陥っている、そしてそれを新たな循環モデルに作り上げていくということが課題だと言われました。私はなるほどと納得したんですが、子どもの貧困の問題のなかで、私は特に教育の機会均等をどう保障するかという観点で考えたいと思います。

私は文部科学省にいる間、出来ることは何かと考えておりました。私の基本的な認識は、この2、30年の間、日本の社会の格差が広がってきたのは、それ自体教育政策を超えた大きな政策の問題であって、残念ながら文部科学省だけでは対応出来ない問題がたくさんあったと思います。では、文部科学省で出来ることは何かと言えば、教育の機会均等をできるだけ保障する、この政策をとるということにあったと思います。貧困の連鎖を悪化するのも教育ですが、是正していくのも教育です。教育の機会をいかに確保していくのか、特に経済的理由により学習機会を得られないという状況をどう解消していくかということが大きな課題であると思っていました。

〝親の因果が子に報い〟という言葉がありますが、教育に関しましては親の因果が子に報いてはいけない、親世代がどういう状況にあろうと子どもたちは人生のスタートラインにおいて等しく教育を受ける権利を保障されなければならない。これは憲法が求めていることです。憲法がそれを国にしろと言っていることなので、憲法に基づいてやらなければならないはずです。

憲法２６条に「すべて国民は、法律の定めるところにより、その能力に応じて、ひとしく教育を受ける権利を有する」と書いてあります。ひとしくとは、もれなくすべての人が同様に教育を受ける機会が保障されなければならないという意味です。また等しくのなかには経済的な理由、経済的な状況にかかわらずということが入っています。そのことは教育基本法のなかに、改正前も改正後も同じですが、経済的地位により差別されないといっています。経済的地位により差別されないという意味合いを出来る限り実現しなければいけない。けれども実際には経済的地位による差別はあるわけです。これをなんとか解消する努力をすることが国に求められていると思って仕事をしておりました。

この教育の機会均等を求めているのが憲法であり教育基本法ですが、この理念を具体的に実現しようとすると、やはり経済的な支援が必要になってきます。日本の学校教育への公財政支出が、幼児教育から高等教育に至るまで、ＯＥＣＤ諸国に比較すると一目瞭然ですが、非常に少ない。その代わりに家計負担が大きい。これが日本の教育費の特徴です。なかでも、幼児教育と高等教育に関しては私費負担が非常に大きいという問題があります。

これをどう是正していくかということが問題だったわけですが、現実には家計の状況によって享受出来る教育の機会に差があり、進学の機会に差がある。今でも特に高等教育に関しては歴然とした差があります。児童養護施設出身者の高等教育進学率はいまだに2割台で、生活保護家庭出身者の高等教育進学率は3割台です。

いま高等教育と申し上げたのは、大学だけではなくて、専門学校も含みます。日本全体では高等教育進学率は8割に達していますが、児童養護施設出身者は4人に1人、生活保護家庭出身者は3人に1人くらいという状況にあります。高等教育を受ける方が圧倒的マジョリティであって、高等教育を受けられないということはマイノリティ、少数者であって、人生の中で極めて不利な状況に置かれるということなります。

意欲のある人たちは必ず高等教育を受けられるようにする、これは非常に大事な政策だと思っています。そのためには公的な財政支援が必要になるわけですが、この教育行財政的な部分についてお話ししようと思います。

義務教育に関しても私費負担はあるわけですね。義務教育は無償とすると憲法に書いてありますが、実際は学校徴収経費というものがさまざまありまして、地域によっては相当な額を家計から取る学校もあります。きちんと整理することが必要ですが、本当の意味で無償化というのであれば、教材費や給食費なども含めて家計の負担をなくしていくことは大事だと思いますが、少なくとも当面就学援助の充実ということは課題だと思います。

しかし残念ながら、10年以上前に「三位一体の改革」というのがありまして、国が就学援助の財源を保障する補助金制度が廃止になりました。2005年から就学援助に対する財源保障として国が出していた補助金のうち、大部分を占めていた準要保護世帯対象分が廃止になっています。その結果、何が起こっているかというと、就学援助の自治体間の格差が広がっているという状況があります。

少し考えれば分かることですが、貧困率の高い自治体は財政力が弱いわけです。財政力が弱いところほど支出が多くなるのが、就学援助です。その事情は生活保護と同様です。就学援助の対象者が多い市町村というのは、その分住民税収入が少ないわけですから。富裕層の多い自治体というのは税収が多いですけれども、就学援助の対象となる子どもの数は少ない。財源のある自治体ほど支出は少なくなる。対象者の多いところほど財源が少なくなる、こういう逆転現象があります。

こういうタイプの財政支出というのは市町村任せにすべきではなくて、やはり国がキチンとした財源保障をしなければならない。それがちゃんと出来ていない。普通交付税しかないんですが、言葉は悪いですが普通交付税は〝への突っ張り〟にもなりません。キチンとした特定財源としての国の財源保障がなくてはならない。それを2005年に取っ払ってしまったのが三位一体の改革で、この政策の罪は深いと思っています。

この財源保障がなくなったということについては、復活させていく。国がキチンと財源をみるということが必要だと思っています。

それから、高等学校に関しては民主党政権が高校無償化政策を導入しました。これは画期的なことです。高等学校教育も無償にする。すべての若者に、経済的な状況に関わりなく、後期中等教育、15歳から18歳までの教育の機会を保障するという学習権保障の思想なんですね。15歳から18歳までの子どもたちの学習を社会全体で支える、親の家計で支えるんじゃないという学習権保障の思想が根底にありました。であるからこそ所得制限をかけることなく、すべての子どもに保障制度を提供したわけです。それは親ではなく社会全体が支えるという思想があるからなんです。

ただこの高校無償化政策には1つ欠陥がありました。それは最貧困層に恩恵がなかったということです。それはどういうことかと言いますと、授業料の全額免除という制度は既にあったんです。最も貧困な階層の子どもたちはもともと授業料を全額免除されていましたから、メリットがなかったんです。高等学校でも授業料以外の教育費がさまざまかかります。その部分をカバーするものがなかったんです。そこで民主党政権の時代から、文部科学省では最貧困層に給付型奨学金が必要だということで、財政当局に何度も要求しましたけれども、うまくいかなかった。

それが、安倍政権になって、この給付型奨学金が実現したんです。だから安倍政権も全部が悪いわけではない（笑）。これは私が担当局長の時の話なんですけど（笑）。私が初等・中等教育局長だった時に、大臣が下村博文さんで、政権交代と同時に、高校版の給付型奨学金の制度設計をやり、予算要求をしました。ただ財源を見つけるためにということで、無償化に大きな変更を加えました。所得制限を設けまして、４人家族で年収９１０万円というところで境目を作って、それよりも年収が多い家庭の高校生は授業料を払いなさい、それ以下の家庭の高校生は払わなくてよろしい。つまり、所得制限によって授業料を払う高校生と払わない高校生が出来てきた。８割は払ってない。２割は払っています。高校によっては９割は払ってない、１割が払っているというところもあります。また、半分払っているけれども半分払っていないという高校もあります。このように授業料を払う高校生と授業料を払っていない高校生がいるというのは非常に問題だと思います。

ただ、それによって財源を生み出して高校版の奨学給付金制度というものが出来ました。これはまだまだ不充分なものでして、第一子と第二子以降で区別がある。第一子が少なくて、第二子がプラスと、変なことになっています。私は第一子と第二子以降で区別するのは法の下の平等に反すると思っていますが、今の制度ではそうなっています。この第一子と第二子以降の区別をなくしていくことも一つの課題ですし、全体の充実を計っていくことも課題です。それから高校無償化について、かけている所得制限をなくすべきだと思います。

その代わりの財源はイージス・アショア一つ諦めればいくらでも出てきます(笑)。それは別として、教育費負担低減のための税制の見直しで出てくると思います。扶養控除というのが16歳から18歳までの扶養親族がいる場合に所得課税の控除制度があります。これが38万円分あります。それから高等教育に関しましては特定扶養控除というのがあります。19歳から22歳までの扶養親族がいる場合に63万円の所得控除があります。

この所得控除制度というのは高額所得者ほど恩恵が大きいんです。これを見直していく、端的に言えば廃止すればいい、というのが私の考えです。所得課税制度を廃止して、そこから出てくる財源によって高校版の奨学給付金制度を、それから高等教育における給付奨学金を作り出す。高校の方は奨学給付金、それから大学・専門学校の方は給付奨学金と、順番が逆になっています。ややこしいですね。

高校版の方は就学援助と言った方がいいと思います。成績要件なしで出すということです。大学の方は成績要件が今でもあります。今政府が考えているなかで問題なのは、どこに進学するかしないかで出す出さないを決める、ということです。こういう出し方は非常に問題があると思います。

いずれにしても給付型奨学金の充実は急務であると思います。高校に関しても、大学・専門学校に関しても、安倍政権の下で一定の進展はみているわけです。しかし、遅々として歩みは遅い。もっとドラスティックに財源を作って、もっと強く進めていくことが可能である。税制の見直しと一緒にやるべきである、と私は思います。勿論、税制に関しましては根本的な問題があります。トマ・ピケティが指摘したように、年収が1億円を超えるようになると所得税率が実質的に下がっていくというような問題があります。逆進性があるわけです。要するに金融所得課税が低率であるということによって、お金を転がして収入を得ている人たちの税率が実質的に低いということがあります。こういうところにメスを入れるということは当然やるべきなんです。選挙の時、世の中の人は消費税には目が行くんですが、金融所得課税のところには目が行きません。そういうところを見直せば財源はいくらでも出てくると、私は思っています。少なくとも、本当に意欲がある子どもたちに高等教育を保障するだけの財源は出てきます。

す。また、先ほど申しました特定扶養控除の見直しなどはすぐに出来ます。

最後に、もう一つけしからんと思っているのは、教育資金一括贈与非課税制度です。この制度は孫1人に1500万円まで、非課税で贈与出来るというものです。教育費に使うんでしたらどうぞということで、これは明らかな金持ち優遇制度です。おじいちゃん、おばあちゃんが亡くなったとき、贈与分だけ相続税が減るんですから、節税対策にフル活用されて1兆円以上を越えるお金が信託銀行に信託されています。これははっきり言って信託銀行の陰謀ですよ（笑）。

そういうものにも国の制度が踊らされています。お金持ちの子どもや孫がさらにお金持ちになる優遇を受ける。これを私は〝銀の匙をくわえてきた子どもに金の匙をくわえさせる〟政策とみていますが、こういう税制を含めた見直しのなかからより適正な給付制度をつくっていく必要があるのではないかと、そんなふうに思っています。

ジェンダーの平等を基礎にした社会　赤石千衣子

こんにちは、しんぐるまざあず・ふぉーらむの理事長をしています赤石千衣子です。

私が日々どんなことをやっているかと言いますと、例えば1月の例をお話しします。

今前川さんもお話になったんですが、ひとり親が、貯金もなくて子どもの入学時のお金が用意出来ないという状況があります。そこで、寄付を集めて小、中、高、大学等に入学する子どもに1人3万円を渡す、入学金お祝い事業というのをやっています。ひとり親お一人お一人の事情、今病気で働けないとか、なかなか正規の仕事に就けなくて月収8万円ですとか、そういう方たちのお申し込み、そういうお手紙をいただきながら、どの子どもに3万円をお送りするのかという審査をしました。本当に嫌なんですけれど。

今年は500人の方から申し込みを受け、351人の方にお送りしました。1月26日が締め切りだったんですが、4月になっても「聞いたんですけれど、まだいただけるんですか」という手紙をいただいて、断り状を書くというつらい対応が続きました。

私たちは4月には食糧支援というのをやっています。お米を5キロにしようか、カレールーとクリームシチューとパスタを入れようかとか考えながら。

今日は「あたりまえの社会を考える」ということなんですが、日本の社会というのは性別役

日本のひとり親家庭の相対的貧困率は先進国で最悪

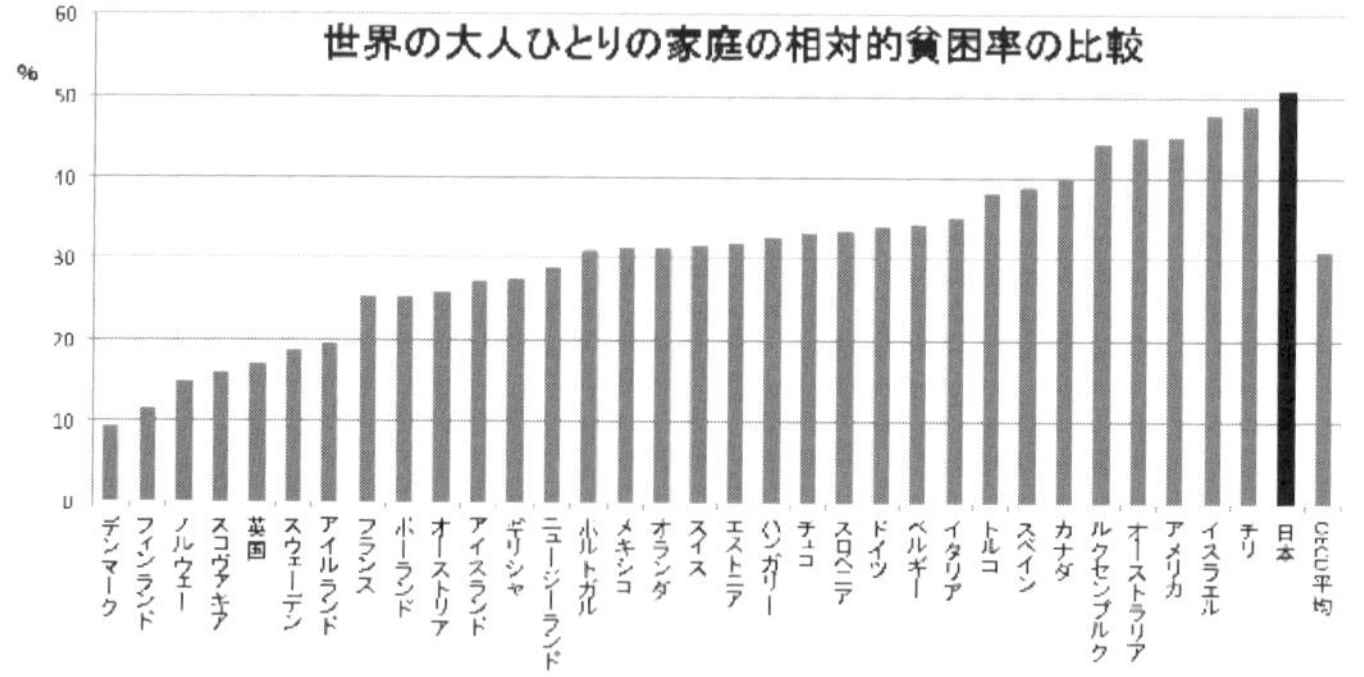

相対的貧困率とは、世帯所得をもとに国民一人ひとりの所得を計算して順番に並べ、真ん中の人の所得の半分に満たない人の割合。
(出典)OECD 2014 Family catabace "Child Poverty"
(注)ハンガリー、アイルランド、日本、ニュージーランド、スイス、トルコの数字は2009年、チリの数値は2011年

割を前提にするのが「あたりまえ」の社会で、ジェンダーの平等を基礎にした社会とはまったく違うものだと思いますので、今日はそれを考えていきたいと思っています。

月収10万円も稼げないんですと言うひとり親家庭のお母さんがいるわけですが、ひとり親家庭の相対的な貧困率は先進国のなかで最悪です。上の図で一番右のところです。北欧の国々は10パーセントのところに並んでいますが、日本よりもGDPの低い国でも貧困率が低い国がたくさんあります。

じゃあ日本て何でこんなに貧困率が高いの？ということになります。相対的なものですが，貧困率が高いその中心に、ひとり親、シングルマザーがいるわけです。私も子どもがいて、保育園で保育士をして育てていた時代があるんですが、そ

の頃月収は10万円でした。児童扶養手当を3万円受けてそれで食べていました。そういう暮らしを今もしている方がいらっしゃるんですね。非常に多いってことなんですね。母子家庭の81・8パーセントが働いています。この就業率の高さは世界でも抜群の高さです。3、4番目というくらいによく働いています。にもかかわらず就労収入の平均が200万円で、ひとり親家庭の貧困率は先進国でいちばん高いんですね。これで年収200万円で家賃も払い、お子さんが1人、あるいは2人の家族を支えていくんです。ご親族と一緒に暮らしている方もいますが、ご親族と暮らしてない方が6割なんです。なぜ就労収入が低いのかということなんですが、パート・アルバイトで暮らしている方が多くて、半分がパート・アルバイトなんです。

考えてみてください。今でも結婚したら稼ぎ手は男性ということで、結婚したら仕事を辞めるという女性が5割です。以前は6、7割でした。

仕事をしない専業主婦の時代があって、そしてその後離婚せざるを得なくなり、それでは仕事をしようということになった時、38歳です、40歳になりましたという時に、この時代正社員の仕事があるでしょうか。みなさん新聞を取っていらっしゃると思いますが、日曜版に近くで働くお仕事の広告、入ってますよね。じっと眺めたことありますか。あれはほとんど短時間、被扶養の仕事なんです。最低賃金ギリギリの、今東京だと958円です。これで子どもを食べさせていけますか。2000時間働いたとしても200万円にならないんです。シング

4（1） 母子家庭の就業状況

○ 母子家庭の81．8％が就業。就業している者の雇用形態は、「正規の職員・従業員」が44．2％、「パート・アルバイト等」が43．8％。
（「派遣社員」を含むと48．4％と、非正規の割合が高い。）

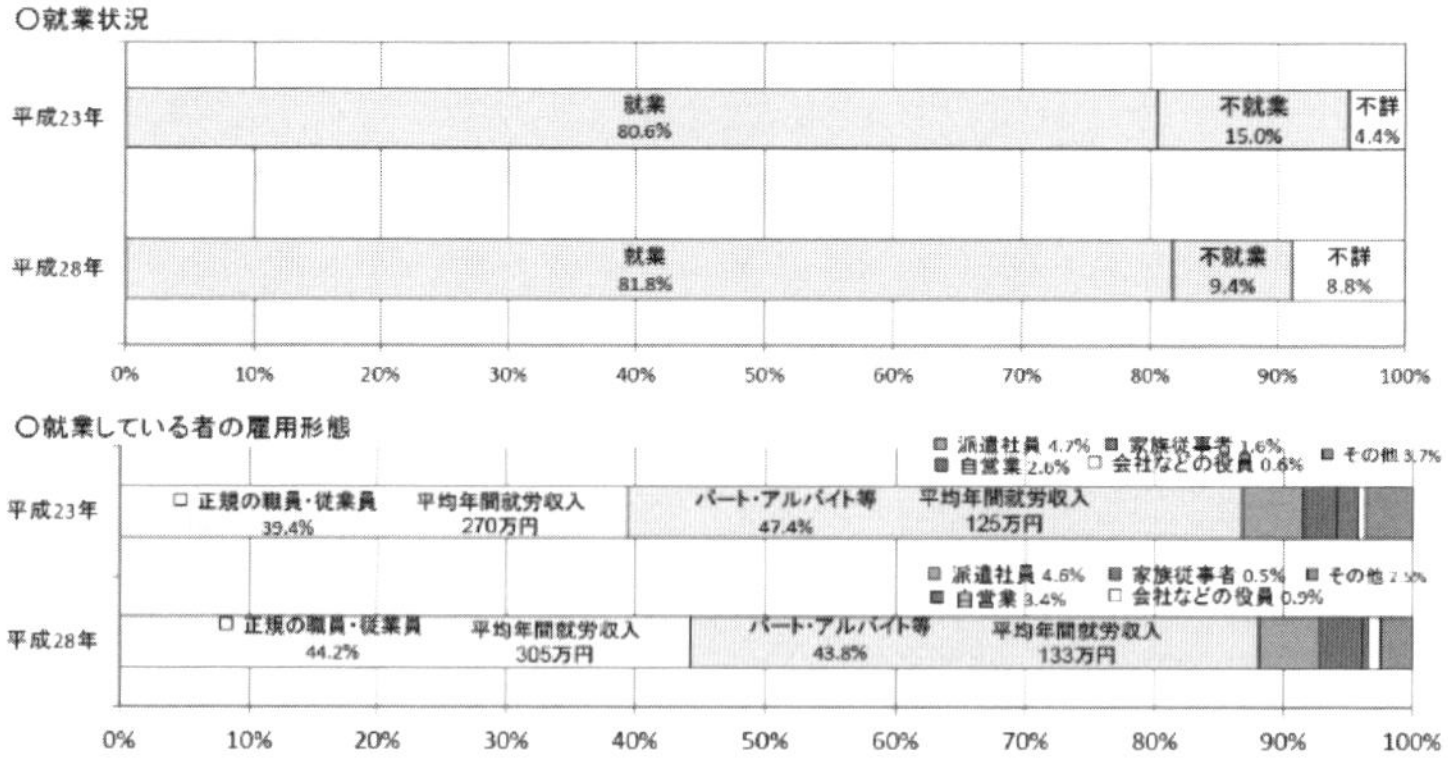

ルマザーで、パートアルバイトで働いている人の平均年間就労収入は133万円なんです。

　これで中学の進学の費用、どうしよう。高校の進学、20万円から30万円かかります、どうしよう。制服代、カバン代、体操服、それから教科書代もかかります。先ほど低所得世帯の高校生には就学支援金ありますよとおっしゃったんですが、それは入学してからなので、みなさん入学前の20万円、30万円が出せないんです。それで私たちのところに申し込んでくださる。これが日本のひとり親の状況です。

　ちょっと怒ってしまいますが、じゃあこれってなんなんだろうと考えますと、ここにやはりジェンダーの問題があると思います。

　日本は30年、40年の間、モデル家族は片働き世帯でした。夫は会社員、あるいは公務員で5

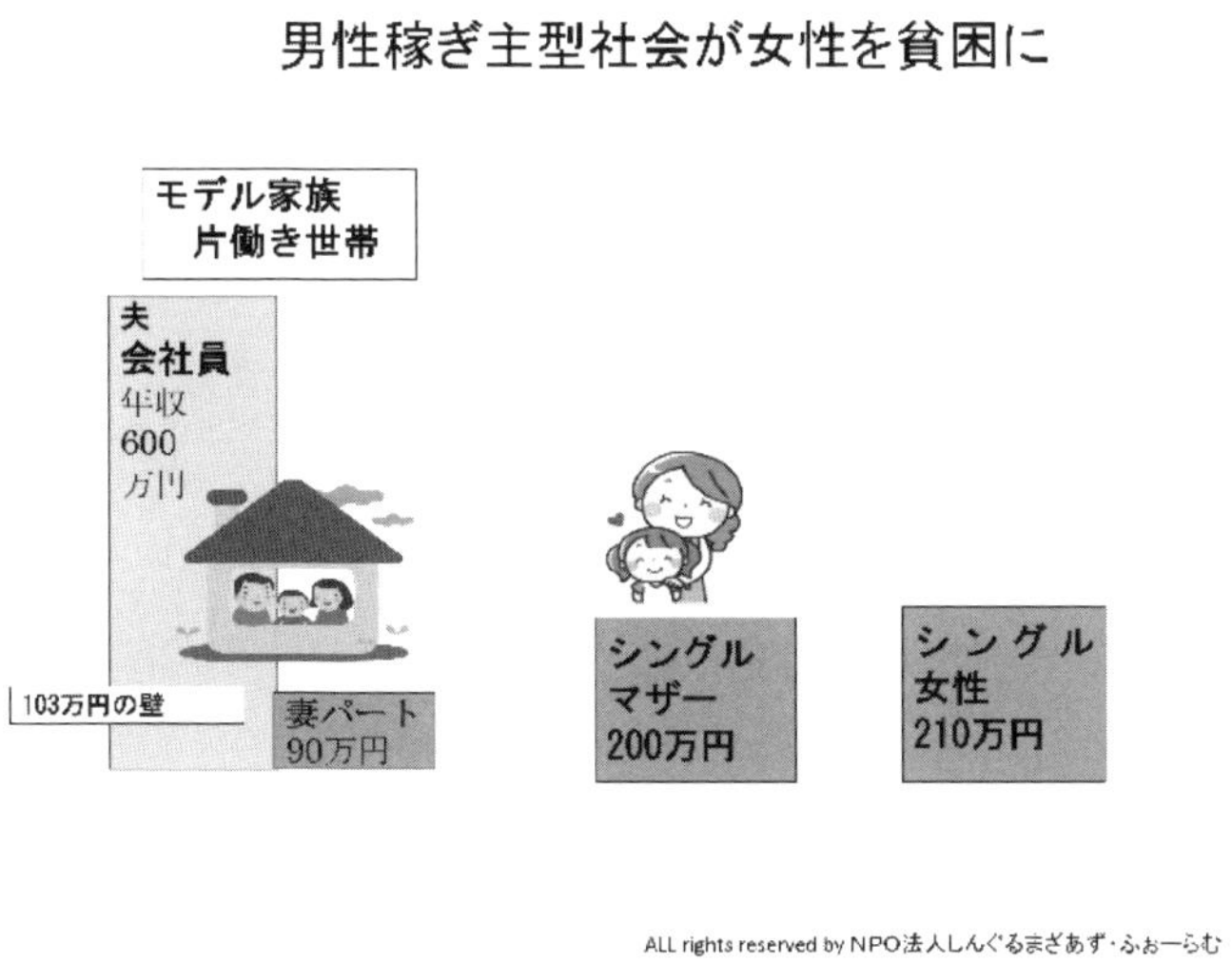

～６００万稼ぐ、そして妻は配偶者控除の範囲で１０３万円以内、これは今年から１５０万に上がったんですけれども、この範囲に収まるように就労調整する。こういう家族、あるいは妻がまったく働かない専業主婦の家族をモデルにしています。

皆さんのなかにもこういう家族で暮らしてきた方、たくさんいらっしゃると思います。でも、この専業主婦の方、暇人じゃないんですよね。お子さんをちゃんと学校に通わせます。そして学校から帰ったら「おかえり」って言ってあげたい。学校っていろんなことがありますから、子どもを送り出すためにはいろいろ気を遣っているんですね。子どもの表情見たり、「宿題は？」って言ったり、そういうことをしたり、ご親族が要介護になったら介護する、それが日本型の福祉社会の中

子どものいる男女の賃金格差

子を持つ女性の賃金差別が世界最悪の日本

男性賃金のわずか39%、OECD30カ国中最低、OECD平均の半分

▼16歳未満の子どもをもつ25～44歳の男女のフルタイム労働者の平均賃金で
男性賃金を100とした場合の女性賃金（各国2010年前後のデータ）

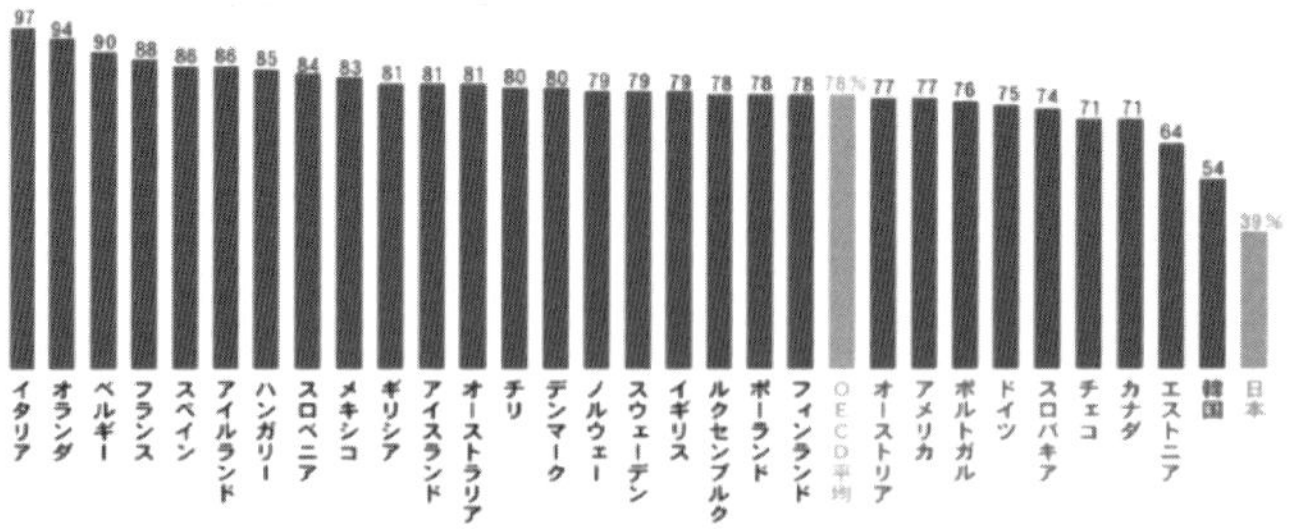

での妻の責任だと。妻が担うということで日本の軽福祉社会を支えてきたわけです。

みんなが結婚して、みんなが家庭に入るんだったらそれで良かったかもしれませんが、今は結婚しない方もいらっしゃいます、離婚される方もいらっしゃいます。

そうすると、離婚した人が働こうとすると、パートの中年女性が働いている労働市場にシングルマザーが入っていくしかないんです。そこがパートで年間133万円がやっとという社会なんです。だから子どもたちも貧困になっているんです。

これはどういうことかというと、やはり男性だけが稼ぎ主だという家族の形を変えていかないと、就労収入が上がらないんですね。今働き方改革とか言っていますが、働く人はどんどん人手不

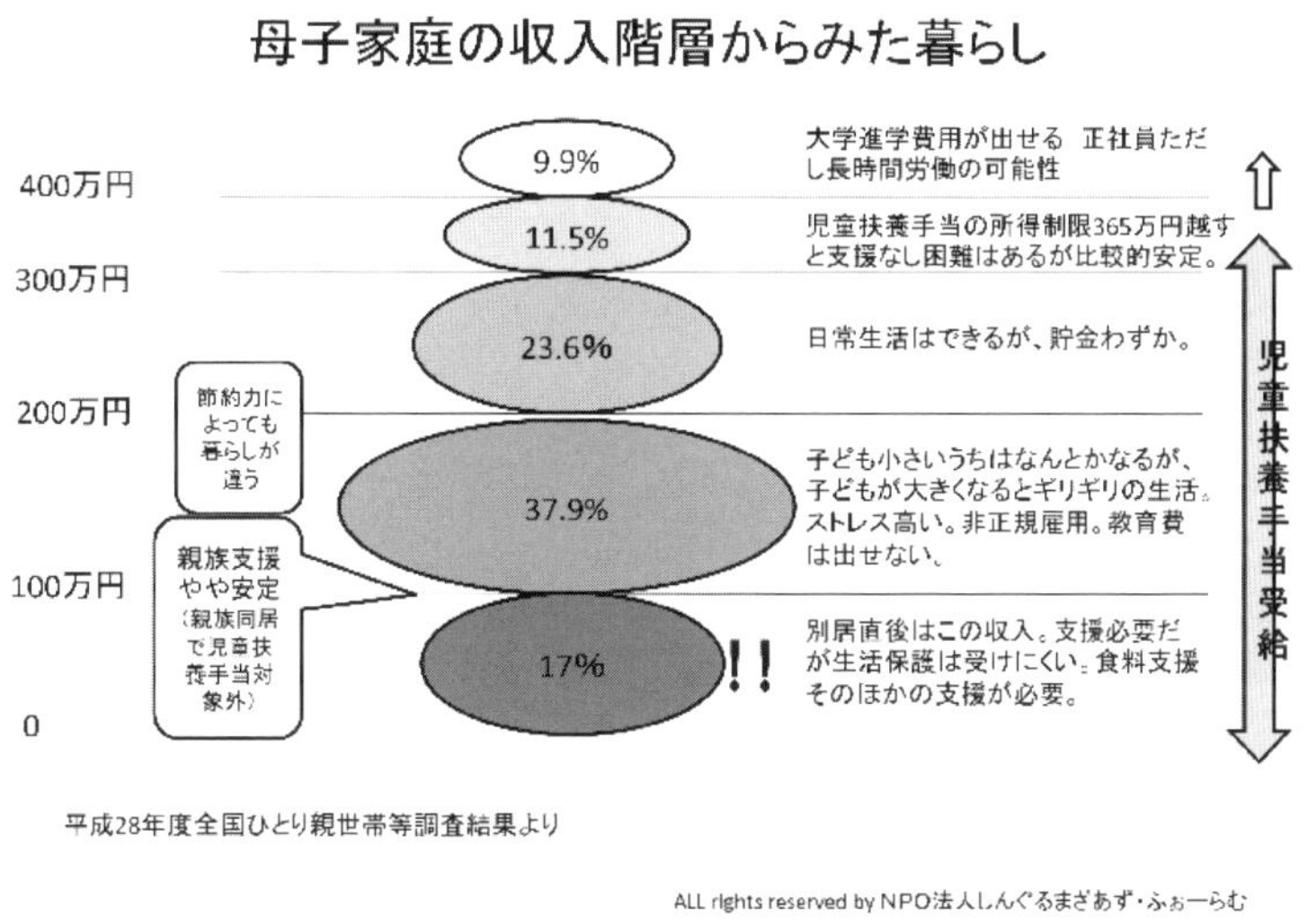

足になってきているわけです。パートで責任のある仕事で正社員並みに働いている人もいます。どうやったら同じように働いたら同じように賃金が上がるのかということだと思います。

子どものいる男女の賃金格差は、日本は世界最悪で１０対４なんです。しかもこれはフルタイム労働者、正社員の賃金格差です。これだけ賃金格差があると、子どもをもつことが損になってしまう。その環境でシングルマザー一人で働いていることになります。

私たちは母子家庭のお母さんからさまざまな相談を受けていますが、４月なので働いているからＰＴＡ出来ないんだけど断れない、という電話がありました。専業主婦が家庭にいることが前提のようなＰＴＡのあり方が続いています。

ひとり親、シングルマザーの就労収入は１００

公財政教育支出の対GDP比

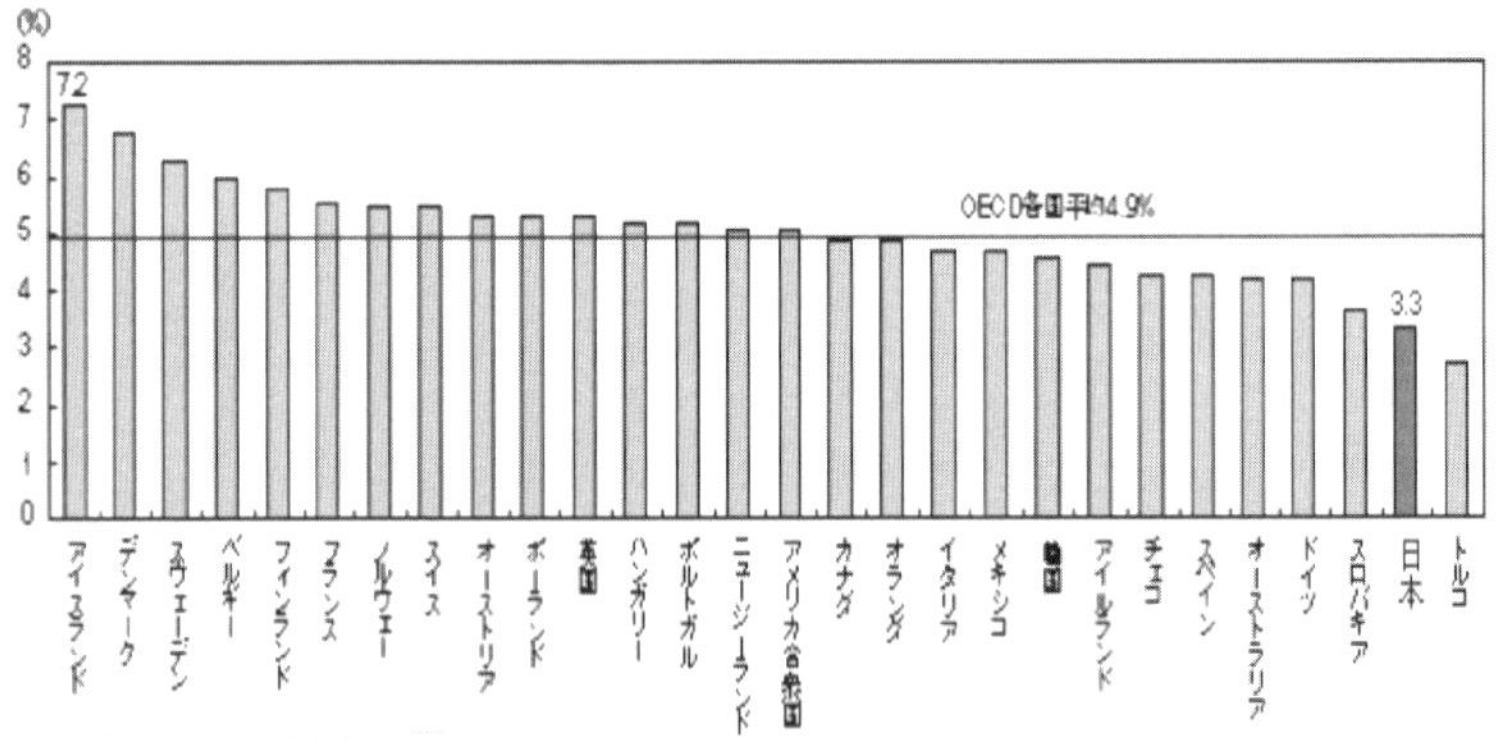

（出典）OECD「EducationataGlance（2009）」より

万から２００万円というところに集中しています。１００万円以下という方もいらっしゃいます。１００万から２００万円の収入というのは、私もそうだったから分かるんですが、食べて子どもを着せて家賃を払う、それは出来るかも知れないけれど、教育費は払えない。

日本は教育費の私費負担が大きいのでやっていけなくなるんです。なので奨学金に頼るしかない。あるいはお子さんに進学を諦めさせるしかないということになります。

ここにご親族の支援が手厚くあればセーフティーネットになるんですが、ご親族の支援がない場合にはとても大変になります。教育費の援助がとても手薄いという日本社会の状況は、文科省からもってきたＯＥＣＤのデータからも見て取れます。

それでは、どうやったらひとり親家庭の貧困の解決が出来るのかと考えますと、男女が子どもを育てながら同じように働ける社会を作っていくしかないと思います。配偶者控除は、配偶者（主に妻）が専業主婦だったら主に夫に控除がつく仕組みで、たくさんの方がこれを利用されてきたかと思います。ですが、これからはこれを無くしていくという税制の改革も必要ではないでしょうか。

それと同時に、同じ仕事をしたら同じ賃金が得られるよう、同一価値労働同一賃金という仕組みが必要と思います。

それから、女性が出産で仕事を辞めなくていい社会を作っていかなければならないと思います。

それと同時に社会保障と教育費の支援が必要です。現金給付が必要ということで、私たちはひとり親家庭への児童扶養手当の増額のために頑張ってきました。児童扶養手当は1人目のお子さんには4万2千円くらい出ますが、2人目になるといくらになるかご存じですか。2倍になったらいいんですが、そんなことはなくて、2年前までは5千円だったんです。あまりにも少ないですね。そこはせめて1万円に上げてくださいとお願いして、何とか8割回答を得ることができました。これでは貧困率が1パーセントくらいしか下がらないので、もっと根本的に手を入れなければならないと思います。

ジェンダーの問題は今〝me too〟が話題になっていますが、財務大臣が世の中が違っていたんだみたいなことを言っていましたが、権力と格差があるところではセクシュアルハラスメントがあります。たとえば学校でセクハラを受けている女の子が、もしかしたらうしろだての少ないシングルマザーの子どもが狙われているかもしれません。私はそういう事例を聞いてきました。こういう社会のなかでジェンダー平等を言っていくことは非常に大事で、それと同時にいろんなライフスタイルであっても働くことができる社会が必要だと思っています。

ご静聴ありがとうございました。

ロスジェネ、その10年後　雨宮処凛＋本田由紀

続いて雨宮処凛さんのお話に移ります。では本田さん、雨宮さん、ご登壇、よろしくお願いいたします。

本田：また出てきました。雨宮さんは、私がお話を引き出す担当ということで、インタビュー形式でお話ししていただきます。

私が雨宮さんに初めて会った頃を思い出しますと、鮮烈な記憶というのは、『生きさせろ！』という本を2007年に出されて、そのインパクトがとにかく凄かったことです。ロスジェネの強い叫びが印象的でしたが、あの本を出されたいきさつをまずお話しください。

雨宮：はい。前に前川さんと赤石さんから教育とひとり親家庭のお話をうかがいましたが、私自身が貧困の問題にかかわりだしたのは2006年からです。2006年というか、10年前はみんな若かったんですね。で、今は中年になって誰も相手をしてくれなくなった（笑）、そういう話を今日はします。

私は1975年生まれで、バブルが崩壊して、就職氷河期世代にあたります。自分もフリー

ターになって、２０００年に25歳で作家デビューしたのですが、２００７年には３２歳でした。私が３０代になる頃には、まわりで自殺する人がとてもたくさんいました。その人たちはずっとフリーターをやっていたとかフリーターから正社員をめざしていたけれどもなかなかなれない、あるいはニートやひきこもりと呼ばれる状況の人たちでした。

９０年代後半から、普通に働いて普通に生きるということが異常に難しくなっていました。私の弟もフリーターを経て、２０００年頃からY電機というところで働き始めました。大学を出てフリーターになって、そして就職して契約社員になり、正社員になった、というわけです。ですが正社員になるときに「労働組合には入らない」「残業代はナシ」「ボーナスはナシ」という誓約書を書かされました。そうして正社員になった途端に連日１７時間労働が始まりました。残業代もボーナスも出ないので、給料を労働時間で割ると、最低賃金を大幅に下回っている。そういうことが自分のまわりでたくさんあって、正社員もまた大変な状況が始まっていました。

私自身は１９歳から２５歳までフリーターという経験がありましたが、とてもじゃないけど東京で一人暮らしが出来るお金は稼げませんでした。そういうなかで、フリーターを選んでいるお前達が悪いだとか、正社員になっても厳しくて辞めてしまう、最近の若者は3年以内に辞めるからどうしようもないとかいう若者バッシングのなかにいました。私自身、フリーター時代はリストカットをしたりオーバードーズをしたりして自殺ばかり考えていましたが、インターネットでは自殺志願者を募ってネット心中をするということが、２００３年からとても「流行」してしまって、私のまわりでも山奥に行って練炭を使って見知らぬ人とレンタカーを借りてネット心中をして白骨化した遺体で発見されるというようなことが起きました。

当時は若者の生きづらさ、心の闇のような文脈で語られていたんですが、私はこの背景に働くことや生きることのハードルが異常に高くなっている構造があるんじゃないかと思うようになりました。そんな時、２００６年にフリーターの人たちが集まったメーデーの集会で、まさにこれが新自由主義の問題で、今の日本ではとてつもなく格差が進行していることを突き付けられました。当時は小泉政権で、まだ戦後最長の好景気と言われていましたが、日雇い派遣で働く若者がどんどんホームレス化してネットカフェに住んでいる。当時はネットカフェ難民ということはまだ言われていませんでしたが、気が付けば自分と同世代の人のフリーターもどんどんホームレス化しているという、そういう実例を聞いたのがちょうど２００６年くらいのことです。

自分やまわりの人たちがこんなに生きづらい背景には、構造の問題があるんじゃないかと考えるようになって、普通に生きようとする個人のやる気の問題ではどうしようもないのに、「自己責任」なんて、という怒りがあって、２００７年に『生きさせろ！』という本を出しました。

本田：ありがとうございました。

先ほどお見せした90年代の日本社会の変化を最初に引っかぶったのが、90年代の中頃から学校を卒業して社会に出て行った人たちで、94年に卒業した若者たちというのはバブル崩壊のあおりで就職口が凄く減っていたんですが、フリーターはまだいいイメージをもたれていました。悲惨な気持ちじゃなくてフリーターになった人もいたんですが、あれっあれっという感じで、90年代の後半から2000年代に入ると、フリーターになったけれどもいつか正社員になれるという状況ではなくなってきました。いつまでこんな厳しい状況が続くんだろうという状況が続きました。フリーターだけじゃなく、ひきこもりという言葉も出れば、ニートという言葉も出れば、ワーキングプアーという言葉も出てきました。

一方で2004、5、6、7年あたりは、景気の回復期だったんですね。それより前の世代からすると、多分、「今就職が良くなってイザナギ越えとか言われているけれど、ちょっと前に社会に出た私たちの苦労はなんだったんだ」みたいな思いがあると思います。その怒りが爆発したんじゃないかという感じをもっていました。あれから10年経って、若かったロストジェネレーション世代の方たちは今どんな状況になっていますか。

雨宮：大変なことになっています。ロストジェネレーションと言われ出したのは朝日新聞で2007年のことですが、当時25歳から35歳くらいなんですね。あれから11年経ってますから、今36歳から46歳くらい。私自身も40代になりましたが、30代までは「若者の問題」と言えたんですね。しかし、30代も後半になった途端に、政策の優先順位がガクッと下がったのを身をもって感じました。10年前は若者の貧困をなんとかしなくちゃならない、なぜなら未来がある世代なんだからという意識を感じましたが、「中年」化していくにつれ、優先順位が下がってきました。私たちは団塊ジュニア世代でもあるので、90年代や2000年代に第3次ベビーブームが来るということをすごく期待された世代だったんですが、雇用破壊という大きな問題があったということもあって、出生率がどんどん下がり、未婚率が上がっていったという特徴があります。

これが今の私たちの状態で、アラフォー、35歳から44歳の女性に限ると、非正規雇用率は52・5パーセントで、男性はまだよくて9・2パーセントなんですね。さっきの赤石さんのお話もそうですが、この問題は女性に集中しています。この問題はどうなっていくのかと言いますと、そもそも単身で中年で生きて行く女性というのがそもそも想定されていないので、いろんな実害が出てきます。私もこの実害をモロにくらうようになりまして、去年賃貸マンションの入居申請に落ちるということがありました。単身女性でフリーランスで、しかも父親の年齢が６５歳以上なので保証人の資格がないと言われました。親が高齢化することによって賃貸物件も借りられない。だから、健康な正社員の成人男性と「つがい」になっていないと駄目なんです。それで、今入れたのは、保障会社をつけて、毎月７０００円とられることに同意して入居しました。貧困税ですね。まさに、社会的信用がない貧困な人は生きるコストがどんどん高くなるという事例ですが、このような個人的な私怨も込めて、今日ここに来た次第です（笑）。

このような話題は最近出した『「女子」という呪い』にも書いていますが、非正規女性の平均年収は１４８万円ですから、貧困ラインと２０万円くらいしか変わらないという状況が続いています。

さて、ここで、エキタスという「最低賃金１５００円」を主張して活動している若い方々のデモ動画でもっていまの全体像を見てみたいと思います。私たちも大変だけど、下の世代も大変だということがよくわかる映像です。エキタスの藤川里恵さんのスピーチです。

「（前略）この前、弟から電話がかかってきた。

『姉さん、自衛隊の一次試験に受かったけん、次も受かるかも知れん。タダで国家資格もとれる

エキタスの藤川里恵さん

し大学に行ける』って電話がかかってきた。

私は、せっかく大学行ったのに、本さえロクに読んだ記憶がない。

ずっとバイトして、寝てた。

周りの人は週7スナック、トリプルワーク、もっともっと働いても一限に出てた。部活もやってた。

自分はなんて甘えてるんだって責めて、将来設計なんてできもしない。自分が嫌になってばっかりだ。

就職したって、手取り14万じゃ、奨学金返して、好きな人や友達ともいられない。子どもなんて育てられないよ。

そんなの見ていた弟は、大学行くのに、教育ローンと奨学金で1000万円超えるか、それとも自衛隊で大学行くか、そりゃ迷うよ。

ねえ、なんで選択肢に社会保障制度や労働組合がないんですか？

誰もなんにも教えてくれないくせに、知りもしないくせに、『お前より大変な人はいる』『自分も苦労をしたけどなんとかなった』『社会のせいにするな』『もっと人生経験積んだら考え方も変わるよ』

そんなこと言われたって、お腹いっぱいになんかならねーんだよ！

あと、どれくらい可哀相なら、あとどれくらい経験すれば満足なんだよ？

具体的な、使える制度を、方法を教えてくれよ！

頼り方を、教えてくれよ！


私より可哀相な人がいたらなんですか？

昔に比べればマシですか？

それであなたは幸せになれるんですか？

あなたの大切な誰かは、何かは救えるんですか？

不幸比べも我慢大会も、もういい加減、終わりにしませんか？

もう十分だろ？

おかしいことはおかしいって言っていいだろ?
『おにぎりを食べたい』って言って餓死する人のいる社会が、過労死するまで働くか自殺するしかない社会が、『仕方ない』わけないいだろ?
人が死んで、電車が止まって舌打ちするだけのくせに、『仕方ない』なんて言わないでよ!
(後略)」

ありがとうございました、凄いスピーチですよね。ここまでの話が全部詰まっていますよね。奨学金の話から、月収14万円という話から、自衛隊に受かった弟という話から。

10年前に貧困格差の問題を自分の世代の問題として、生きづらさが背景にあると思って、何でみんな死ななきゃいけなかったのかとその怒りから運動してきましたが、また次の世代に負のものが引きつがれてしまっています。

それだけではなくて、高齢者の貧困もとても深刻だし、私たちのちょっと上の世代やひとり親だったり、子どもたちの貧困のことも考えると、全部の人が大変なので、これはとても根深い問題だと考えます。そして12年活動してきているけれども、なかなか状況を変えられないでいる、という感じです。

本田：安倍が民主党に代わって政権についた頃から、団塊世代が定年期を迎えて退職されて、その頃から労働力が売り手市場化してきました。表面的に若者の就職率が良くなって、それがまるでアベノミクスの成果であるかのように、安倍の手柄のように言われていますが、卒業生の就職率は一見良くなっているけれども、就職がない人は相変わらずいますし、入ってみたらブラック企業，最低賃金なんてことも続いています。

雨宮：まとめてくださいということですが、まとめられないので、この続きはシンポジウムで。

貧困の中の子ども——希望って何ですか　山崎一洋

栃木県の地方紙「下野《しもつけ》新聞」の記者をしております山崎です。下野新聞は栃木県のご家庭の半分くらいで読んでいただいています。

貧困状態におかれた子どもたちは、文化的で最低限度の生活が出来ていないんですよね。それは憲法違反の状態だと思います。そういう話に4年くらい前に携わってまとめたことがありましたので、話をさせていただきたいと思います。取材班の記者は3人いて、私はデスクという立場でした。記事は「希望って何ですか——貧困の中の子ども」をテーマに、1面で始まりました。

構成としては8章で全部で60回。こうやって後から見ると最初から決まっていたように見えるかもしれませんが、実はどういうふうに流れていくかは全然分かりませんでした。私たちの思考の軌跡が子どもの貧困の問題を捉える上で少し役に立つかなと思って、順番に話をさせていただきます。

取材班の記者も最初から詳しいわけではなく、子ども貧困という問題があるらしいと、聞きかじってきたくらいです。

希望って何ですか
●貧困の中の子ども●

相対的貧困 6人に1人

子どもの未来考えたい

〈プロローグ〉

「飢え死にしてる人はいない」「ではどういうこと？」と考え、最初に相対的貧困という現代の貧困を読み解くことにしました。

ここでは子どもの貧困とうたいながら、実は32歳の女性を取り上げました。児童養護施設で育ったその人にその後の人生を含めて、どんなことが出来なかったのか、どんなことを失っていったのかを振り返ってもらったのが、この第1章でした。

そんな取材をしているうちに、すごく大きな問題の一つが、意欲がなくなってしまうということなんだと分かりました。意欲がなくなるというのはいろんなことを経験しなくなるため、普通に成長することが出来ない。少し極端に言うと、生きて行く事すらままならなくなってしまう。そういうことを取材で耳にしたのが印象的でした。それを第2章「育つこと・生きること」で描きました。

第3章は奨学金問題を取り上げ、そうこうしているうちに、いろんな支援団体があることが分かりました。そんななかで、小さな頃からいろんな困難が重なると、それが長ければ長いほど大変な思いをする。でも一方で、手を差しのべていくと、確実に人は変わる。そういうことが分かりました。それを描いたのが第4章「重なる困難　差し伸べる手」です。

またそこでいろんな話を聞きました。

「支援がちゃんと繋がった人はまだいいんだよ。全然繋がらない人がたくさんいるんだよ。見つけること自体が難しい」という話がありました。それはどういうことかを、第5章「見つける・つなぐ」で伝えました。

子どもの貧困をもたらす構造に焦点を当てたのが、第6章「母子家庭　就労8割・貧困5割」です。母子家庭のお母さんの8割の方は働いています。でもいわゆる貧困線の下にいる家庭が半分います。何でだろうと考えると、非正規のことだったり、支援が手薄だったりとそういうことが分かりましたが、そこまで見てきたらもう対応は無理なのではないかという思いが起こりました。

海外の国でいろんな形があると聞いていましたが、活路を求めて取材に行ったのがイギリスでした。その中で、さまざまな考え方、施策の可能性を感じ取り、5つの提言をまとめました。

提言は1面トップ記事、みんなが考える材料にと、1つの方向性として提起したものです。

希望持ち育つ権利を

子どもと貧困

本紙取材班　五つの提言

意識転換、社会も担い手に

1、見えにくい「子どもの貧困」、その存在の認識を

2、発見、支援の最前線の充実を図れ

3、教育費の負担を軽減し、学ぶ意欲を支えよう

4、現金給与の拡充による所得保障は急務

5、政治や自治体のリーダーシップの発揮を

1つめとして、子どもの貧困の見えにくさを上げました。だから、そういうところにおかれた子どもがいるということを認識しましょう、ということです。

取材してて、本当に分かりにくかったですね。非常に収入が少ない家庭のお母さんが、取材に行ったときに高級車に乗っているんです。それを運転している姿を見て、誰も家計が苦しいって思いませんよね。でも、彼女は離婚をしたときに元夫からそれを譲り受けたわけです。維持するお金は稼いでいます。彼女はそれを買うことはできません。でもそんなことは考えなくて、「あんな車買うんだったらお金あるんだろう」と思いますよね。

提言1 見えにくい「子どもの貧困」、その存在の認識を
「放置は社会の虐待」
希望って何ですか
●貧困の中の子ども●

また、母子家庭で定時制の高校に通っている女の子は、「お母さん一人で大変だから、私が一生懸命頑張って、アルバイトしながら家計を支えます。こういう夢をもって頑張っています」という作文

を書きました。

実は夜も昼も働いて、学校行くために働いているのに、働き過ぎて勉強ができない。心身共にもの凄く追い詰められていたわけです。作文の内容はとてもきれいな話、だから大変な家庭で頑張っている子がいるんだよすごいね、そこで話が終わっちゃうんですね。でも、その子はその実大変な思いをしている。でもそこに目を向けなければそんなこと分からないですよ。見えにくいというのはそういうことなんだろうと思います。

提言2 発見、支援の最前線の充実を図れ

好循環 生み出す形を

希望って何ですか

●貧困の中の子ども●

子どもの貧困は親のせいだよね、親がだらしないからだよね、という声が非常に強いと思います。しかし、イギリスの支援団体の方がこう言いました。「子どもの貧困は親のせいだと言うんだったら、イギリスの子どもの貧困率が北欧より高いのは英国の親がみんな悪いからだということになるでしょう」。そんなわけないと、思います。あともう一つ、見出しにもなっていますが、これも支援者の言葉で、「子どもの貧困を放置するのは社会全体のネグレクトです」。そういう問題意識を持ちましょう、ということです。

2つめです。発見とか支援の最前線の充実を図らなくてはいけない、ということです。そのために何が必要かというと、好循環を生み出しましょう、ということです。ある小学校の元校長先生が取材当時は支援団体のスタッフとして働いていましたが、彼女は記憶をたどってこう言いました。「小学校に困っている家庭の子がいませんか。そういう子がいたら支援しますよ」、支援団体がやってきて言ったんですね。本当は気になる子がいたんですが、それを言うのも何となく学校の恥のよう

提言3 教育費の負担を軽減し、学ぶ意欲を支えよう
「未来へ投資」の枠組みを
希望って何ですか
●貧困の中の子ども●

な気がして言えなかった。言っても何も変わらないでしょうと思ったそうで、だから言わなかった。でもその人が自分で支援の方に廻り始めたらうまく廻り始めました。支援がうまく廻り始めると、今度は黙っていても学校が相談に来るようになった。

提言4　現金給付の拡充による所得保障は急務

最重点はワーキングプア

希望って何ですか
・貧困の中の子ども・

〈最終章〉〈子どもの未来を考える④〉

　こんな話も聞きました。困っている子を見つけたんです。だけどどうしていいのか分からなくてもう一回フタをしました。支援が明確に出来て改善することをみんなが分かれば、教えてくれと言わなくても、困っている子が連れられてくるんです。理想論かも知れませんが、こういう好循環が必要ですね。そうやって発見をしていきましょう、ということです。

　私たち栃木県の新聞なので栃木県の話をしますが、栃木県の高校進学率は９８パーセントで、生活保護受給家庭の高校進学率は８４パーセントでした。１４パーセント違うんですね。

この14パーセントで何が起きているんだろうと思います。やっぱり教育は未来への投資ですから、いろんな意味で手を打っていかなければいけないですよね。

ワーキングプアーという問題があります。

一般的に離婚が増えているという話を聞きます。非正規が増えていると話を聞きます。では離婚増かける非正規増イコールで何が出てくると思いますか。子どもの貧困が出てくるんですよね。そういうことになかなか気づけませんでした。最大の問題はワーキングプアーへの手当だろう、ということです。

提言5
政治や自治体のリーダーシップ発揮を
「民」巻き込み支援充実
希望って何ですか
●貧困の中の子ども●

5番目です。民間にはいろんな支援の仕方がありますが、なかなか形になりません。それをまとめていくのは行政だったり政治ですから、リーダーシップの発揮が重要だ、ということです。

さらに議論を深める

諏訪原：この後はここまでお話しいただいた皆さんに登壇いただいて、さらに議論を深めていく時間としたいと思います。

ここまでのお話ですが、最初本田先生がご呈示いただいた見取図だと、家庭・教育・労働とありましたが、赤石さんから家庭、山崎さんから家庭から教育、教育について前川さん、さらに労働について雨宮さんからお話しいただいたと思います。いずれにしても、高度経済成長期以降に作られてきた社会にとっての「当たり前」であることから外れてしまった人の生きづらさ、苦しみが今社会的に生み出されているんだということを、いろいろな形でお話しいただいたと思います。

その上で、ここからはその「当たり前」というところを、どう書き換えていくか、そこについてさらに深い議論がなされるのではないかと思います。

本田：すでに非常に参考になるお話をいただいたんですが、もっとお伺いしたいと思うことが皆さんもおありかと思います。私から補足する形でのご質問を差し上げる形で、お一人5、6分の目安でお答えいただけると、さらに理解が深まるかなと思います。

では、お一人ずつ問いかけさせていただきたいと思います。

前川さんからは、主に公財政支出について、どのような経済支援が望ましいのか、どう財源を作るかという問題に焦点を当ててお話しいただいたのですが、教育機会の保障、学習権の保障について考えたときに、日本はご存じのように高校であれ大学であれ、いわゆる偏差値ランク的な格差というものがそれぞれの学校制度の中にあります。ですから、大学に行けるように経済的支援をしたとしても、あまり評価の高くない大学に行ってしまうと、その後労働市場に出るときに就職に結構苦労するという状況があります。つまり進学することができるお金の保障や、あるいは入学試験を突破することのできるギリギリの学力を保障するということだけではなくて、教育制度や教育内容や労働市場との間の接続について改革していかないと、にっちもさっちもいかないような面があるのではないかと私自身は考えています。進学についての経済的支援を超えた教育にとって必要な改革、課題についてお話しいただければうれしいなと思います。

赤石さんにも、お金以外で教育の機会保障のためにすべきことは何か、ということをお伺いします。赤石さんはひとり親家庭についてさまざまな実情をご報告いただきました。最後にご提言いただいたんですが、女性の教育と仕事の仕方について、具体的にもう一言いただきたい。同一労働同一賃金とおっしゃっていましたが、こんな制度改革をと、具体的にご提言いただきたい。そして、ジェンダー差別ってどうすればなくなるんでしょうか、というのが二つ目です。この2点について質問したいと思います。

雨宮さんにも似た質問になります。雨宮さんの妹分にあたるエキタスの彼女のすごく迫力のあるスピーチがありましたが、エキタスが頑張っているのは最低賃金ですよね。最低賃金上げろってシンプルでしかも効力のありそうな運動をエキタスはずっとやっているんですけれども、雨宮さんはロスジェネやもっと若い子たちの生きづらさを救うために、最低賃金以外でこれはやれよって具体的な要求や改革について一言補っていただければ、と思います。

山崎さんのお話はいろんな側面に及ぶ包括的な内容だったんですが、『貧困の中の子ども』のなかで何カ所かイギリスに触れられています。私もイギリスはそれほど理想的な社会ではないと思いますが、まだ日本よりもマシなところがあります。そのイギリスと比べてもひどい日本、どうしてこうなったのか、なんで日本がこうなったのか。どのあたりを突破口にしてこの状況を変えていけるのか。ご報告のなかにも述べられていましたが、なんで日本がこんな変な国になったのかについて、もう一言補足いただければ、と思います。

どうなんでしょう、簡単明瞭な問いになっているか不安ですが、よろしくお願いします。と、コーディネーター特権でいろいろ質問しましたが、私が質問した事以外でもお話になりたいことがあれば何でもお話しくださって結構ですから、一人5、6分の目処でもう一巡のご発言をよろしくお願いします。

前川：お金以外の問題、中味の問題、システムの問題、そういった問題だと思いますが、私は進学率もさることながら、中退率・卒業率ということをもっと考える必要があると思っています。

高校進学率は98パーセントを越えて99パーセントに近くなっていると言われますが、20人に1人がドロップアウトしています。5パーセントくらいが高校を卒業できません。高等教育でのドロップアウトレイトというのは、実はよく分からない。そういう数字を文部科学省は把握していなかったんです。相当の率で中退しています。つまり、高度成長の間の教育の量的拡大の指標は進学率で、ずーっと高まってきたんですが、しかし卒業してない人がかなりいて、卒業率裏返せば中退率ですが、これの推移を注視していかなければと思っています。

そこには意欲が続かない、やる気が続かないという問題があります。そして高校であれ大学であれ、そこで学ぶことと学生の求めていること、学習ニーズが違うというギャップがあります。こんなことを学ぶために来たんじゃないという感覚が高校にも大学にもあって、入ったのはいいけれど失望して辞めてしまうということもあるし、高校の場合は端的に勉強についていけないというケースもあります。

高校であれ大学であれ専門学校であれ、学ぶことの社会的合理性、学ぶことが将来本当に役に立つという確信が持てないんじゃないかなと感じます。

高校に関して言うと、物議を醸していますが、高校の数学は必修から外せと言っています。これは相当批判を浴びています。高校の数学は大事だと言われますが、私は高校の学習指導要領の数学を外せと言っているのです。学習指導要領の数学について行けない生徒はわんさかいます。なので、実は数学の時間に小学校の高学年の算数をやっているそういう高校もあります。文部科学省は高等学校は高等学校の授業をするところだと平気でいるわけですが、実態はそうなっていないということです。

私はその人その人に相応しい内容があって、それに合った教育を受けるべきだと考えていて、それを見つけ出してあげるということがとても大事だと思います。そして、それ以上に大事なのは学ぶ意欲を持続させることだと思いますが、学ぶ意欲を持続させるのはもっと難しいことです。山崎さんのご発言の中に希望のことが出てきましたが、希望を持たなければ学ぶ意欲も出てこないわけです。それにはいろんなロールモデル、親や先生以外の大人と交わる機会を出来るだけ作っていくべきだと思います。そういう機会を意図的、政策的に作っていくべきだと思います。そういうさまざまなロールモデルに接する機会を作ることによって、学ぶことの意味や学ぶことへの意欲が出来てくるのではないかと思います。そういう機会を作らないと、学校へ行ってただ勉強しなさいと言っても勉強する気にならないし、結局ドロップアウトしていくんじゃないのかなと思います。そんな感じがしています。

赤石：働き方について、もう少しミニマムなところでどんなことが出来るかなんですが、非正規の働き方で100万円とか120万円とかそういうところで女性が多く働いています。一方で稼ぎ主として一家を支えなければならない人は世帯収入としてはだんだん減ってはいるんですが、400万、500万、600万円稼がないと一家を支えきれないという働き方があります。もっと稼いでいる方もいらっしゃいますが、日本の社会ではこの間があまりないんですね。離婚した女性たちが100万円稼いでいて、400万、500万円の正社員に行こうとすると、道がありません。崖をよじ登るような感じで派遣、契約社員から正社員になったラッキーな人、まわりを見る力があったとかで正社員になった人もいますが、ルートはほとんどありません。

このルート、キャリアパスを、日本社会はもっと作っていかなければならないと思います。労働者が不足していると言いながら、一方でそこのルートは少ないんです。

私たちは就労支援もしていますが、それなりに経験のある女性がデパートで勤務しているんですが、非正規から先に行けない。30代のうちに5年間経験がないと上がれないと決まっているので、転職したい、と。もったいないじゃないですか。このデパートでそれなりの経験があり、チームリーダーで働いているんですよ。それなのに、その次に上っていく先がないから、別の会社に転職したい。これは会社にとっても損なんですね。ですから、このルートを作ることに事業所も会社も努力する余地があると思うんです。

若者も同じです。研修の機会もないし、責任をもって働くポジションにつくチャンスも与えない、非正規のままでいさせる、このルートをどう作るかだと思います。

私たちは配偶者控除って嫌いな税制なんですが(笑)、配偶者控除とは、所得のない、あるいは所得が一定額以外の配偶者を持つ人の税金を安くする制度のことです。今年から限度額が150万円に拡大したんですね。これは結局主婦に150万円までは安く働いて下さいということなんです。会社は103万円で就労調整をするんじゃなくて、この制度をもっと生かして働く場を作ってと思いますが、生協などでもパートさんを100万円以下に抑える働かせ方をしている例があります。

そうすると、中高年の女性はこの限度内で働く人が圧倒的に多いわけで、シングルマザーも同じような低賃金で働き、貧困になるのです。

最低賃金を上げることも重要ですが、そういうパートから正社員になれるようなルートを太くしていく事例を獲得していく必要があると思います。同一価値労働同一賃金というのはもっと細かく、ミニマムなところで方策を考えていくべきだと思います。就労支援でも明後日10人位の転職希望のママたちの話を聞くんですが、もったいないですね、この人たちの力をどうして社会は活かさないの、と思っています。

もう一つだけ、最低賃金を上げろというと社会はどうなるのかと言いますと、みんなもっと覚悟しようよということなんです。つまりコンビニで「ありがとうございました」とお辞儀するような、労働の無駄遣いはできなくなるんですよ。もっと不機嫌な社会になると思うんです。時給が2000円で働くようになると、ニコニコするようなおもてなしという余裕なんかなくなると思います。時間が勿体ないから。スーパーのレジがなくなって自分で決済が出来るようにならないと、最低賃金が2000円の社会は来ないということです。これから最低賃金を上げようとすれば無駄なサービスが期待出来ない、そういう社会にユーザーも適応しなくてはいけないということになると私は思っています。

あとジェンダー平等なんですが、日本のジェンダーギャップ指数というのを、政治、経済、健康、教育の4分野で計測していますが、日本は政治分野と経済分野で男女格差が非常に激しいと言われていますので、この分野について改革をしていかなくてはならない。議会にも女性が多く入らなくてはいけない。野田聖子議員がいたので財務省のセクハラ事件の対応方針おかしいよねと言ってくれましたが、もっとたくさんの女性が議会にいたら、セクハラ問題での財務省の対応については「ハァーツ？」という感じですよね。セクハラの調査、中立的な第三者委員会に調査を依頼せず、顧問弁護士に訴え出るという手法はおかしいでしょと言える人が10人いたら、あんなことできない。ジェンダー平等というのは政治分野と経済分野で改革して、みんなでイメージしてそういう社会にしたいということです。

雨宮：最低賃金について話します。先ほど動画を紹介したエキタスというグループは最低賃金1500円を要求していますが、この額でフルに働いても年収は270万とかで300万に届かないので、私はそんなにすごい要求ではないなと思います。

結構前ですけれども、エキタスの人たちが最低賃金が1500円になったら何をしたいですかとツイッターで聞いたら、趣味とか旅行とか服買いたいとかウマイもの食べたいとかの意見が多いかと思ったら、私が見て多かったのが「病院に行きたい」だったんですね。「処方箋通りに薬を飲みたい」とか、「歯医者に行きたい」とか、鳥肉ともやし以外を食べたいなどもありました。地に足のついた回答が多くて、余暇に使うとかではなくて、自分の健康のために使うお金もないのだということがわかりました。

思い出してみたら、私自身時給1000円のフリーターの頃、病院行くのは特権階級のことでしたし、私は保険証を持っていましたが、まわりは保険証をもっていませんでした。医療にアクセスできることが非正規の若い層の間では20年前から特権的なことでしたから、医療に簡単にアクセス出来るよう保障することが必要だと思います。

もう一つ最近の話ですが、どういう保障、どういう支援が欲しいかというと、一番重いのは家賃負担ということです。非正規だとローンを組んで家を買うこともできませんし、高齢になると賃貸物件に入ることもどんどん困難になっていきますので、家賃負担が一番重いということになります。

医療と住宅と教育の問題ともう一つ、とても不安なのは介護の問題です。私の親も団塊世代なので、もう少ししたら後期高齢者になります。『介護破産』という本を書かれた人の取材をしたら、1人の高齢者にかかる介護の費用の平均が546万1000円という数字が出ていて、介護期間が平均4年11カ月です。また年間10万人の介護離職者が出ていますが、そのうち8割が女性ということです。しかも私の世代だと非正規の単身で実家にいる人が多いので、なし崩し的に介護に突入してしまうケースがこれから多いだろうと思います。

思い出すのは4年くらい前に利根川で一家心中事件があって、80代、70代の両親と、4

0代のずーっと介護をしてきた娘さんが追い詰められて、生活保護の申請をして受けられることが決まったんですが、その数日後に3人で車で利根川に突っ込んで、娘さんだけが助かったという事件のことです。

このようになし崩し的に親の介護が始まって、法的な支援も受けられないで心中するような話は、今後も多く起きる可能性があると思われますので、介護の問題にも注目していただきたいと思います。

このように医療と住宅と教育の問題をパッチワーク的に組み合わせて解決していくのが、私たちの生きる方法ではないのかと模索しています。

山崎：とりあえずの突破口は、これは前川さんの話と通じることがあるかと思いますが、取材をしていてよく聞いたのに、主婦の方からの「うちの子、ワガママ言わなくて、よく出来た子なのよ」という言葉があります。何人のお母さんからも聞きました。それって異常ですよね。子どもがあれ欲しい、何欲しいって言わないんですよ。そういう意欲が損なわれた状態が続くと、希望もないし何をやってもしようがないというようになっちゃいますよね。ですからいろんな機会を通して意欲をもってもらう、それを続けていくということが大事かなと思ったりもします。

世の中、世知辛いですからね。取材をしていて聞くに堪えない反応があります。生活保護のことを書くと、「何にもしないで生活保護のお金をもらって、ズルイ」という意見が寄せられます。そういう発言をする人も非正規だったりして、生活がつらいんです。でもそういう人たちの批判って金持ちに行かないんです。そういうのがすごく世知辛いと思います。

その中で子どもたちが取り残されるって悲しいなと思いますが、私たちの連載は、本になった時は「貧困のなかの子ども」というのが前に出ているんですが、新聞連載当時は「希望って何ですか」がメインタイトルでした。希望を持たなくては何も始まらないでしょう。

ちなみにエピローグの終わり方というのは、「希望ってなんですかと子どもから問われたら、今よりも子どものことを考える社会になるということと答えることが希望なんだと答えたい」とあります。「でも希望って何ですかって問いかけのない日が来ることを信じたい」と結んであります。こういう気持ちを持ち続けること、互いに持てるような世の中だったらいいなと思います。

コーディネーター：

本田由紀　東京大学教授

著書『社会を結びなおす』（岩波ブックレット　2014）

『文系大学教育は仕事の役に立つのか』（ナカニシヤ出版　2018）他

発言者：

前川喜平　元文部科学省事務次官

著書『これからの日本、これからの教育』（ちくま新書　2017）

『教育のなかのマイノリティを語る』（明石書店　2018）他

赤石千衣子　しんぐるまざあず・ふぉーらむ理事長

著書『ひとり親家庭』（岩波新書　2014）

『シングルマザー365日サポートブック』（しんぐるまざあず・ふぉーらむ　2017）他

雨宮処凛　活動家・作家

著書『「女子」という呪い』（集英社　2018）

『非正規・単身・アラフォー女子』（光文社新書　2018）他

山崎一洋　下野新聞真岡総局長

編書『貧困の中の子ども』（ポプラ新書　2015）

編者：**市民連合**

正式名称　**安保法制の廃止と立憲主義の回復を求める市民連合**

：**総がかり行動**

正式名称　**戦争させない・９条壊すな！　総がかり行動実行委員会**

貧困・格差の現場から

——シンポジウム・あたりまえの社会を考える

発行日　2018年11月11日　第１版第１刷発行

編　者　市民連合／総がかり行動

発行所　株式会社八月書館

〒113 - 0033　東京都文京区本郷２ - 16 - 12 ストーク森山 302

TEL 03 - 3815 - 0672　FAX 03 - 3815 - 0642

郵便振替 00170 - 2 - 34062

印刷所　創栄図書印刷株式会社

ISBN978 - 4 - 909269 - 04 - 1　　定価はカバーに表示してあります